국어도 풀고, 사회도 풀고, 과학도 풀고

읽고, 느끼고, 생각하고……
정해진 답은 없습니다.

시인 김관식 선생님은 교단에서 시를 가르치면서 '시는 정답이 없고, 단지 읽고 느끼고 생각하는 것'이라고 말했습니다.

그렇지만 우리가 배우는 시는 어떻습니까? 더 이상 조각을 낼 수 없을 정도로 잘게 잘게 조각내어 시인이 의도하지 않았던 숨은 의미까지 재주 좋게 만들어냅니다. 이것은 비단 시 뿐만이 아닙니다. 세상을 바라보는 모든 시각이 그렇습니다.

그렇지만 우리의 아이들은 달라야 합니다. 세상을 완전한 모습으로 바라보고 또 완전하게 이해하며 지금까지와는 다른 새로운 세상을 만들어가야 합니다.

〈바깔로레아 국어논술〉은 세상을 바라보는 눈이 자라는 아이들, 제대로 된 생각다운 생각을 할 줄 아는 아이들 그래서 새로운 세상의 주역이 될 아이들을 위해 시작되었습니다. 정해진 해답을 배제하고 창의적인 독창성을 발휘하는 아이들을 위해 달려왔습니다.

우리 아이들이 6호까지 쉼 없이 달려오면서 얻은 것은 생각하는 힘입니다. 비록 만점짜리 답안지를 받는 날이 조금 미뤄진다 해도 높은 곳에서 나의 이름을 부르는 그 날을 위해 아이들의 생각은 조금씩 조금씩 자라나 길게 뻗어 있을 것입니다. 아이들은 이제 스스로 생각하고, 스스로 길을 찾아내는 법 또한 알게 되었을 것입니다.

애정 어린 관심으로 지켜봐 주신 덕분으로 마지막 호까지 완간하게 되었습니다. 설레임 반 걱정 반으로 내놓았던 1호 때의 마음으로 6호까지 달려오는 데에는 변함없이 보내 주신 성원이 큰 힘이 되었습니다. 단지 이것으로 끝나지 않고 아이들의 빛나는 앞날에 언제나 박학천이 함께 하겠습니다.

지은이 **서울대 국어교육학 박사 박학천**

· 국어 사회 과학 + 독서 논술 토론 통합 프로그램입니다.
· 쉽고 부담 없는 자료를 편하게 따라만 가면 저절로 사고력, 독해력, 이해력이 자라는 검증된 프로그램입니다.

단원별 학습 목표 및 구성

week 01
발상사고혁명

실질적인 〈발상·사고〉 훈련
- 고정 관념을 깨고, 개성적인 사고를 기릅니다.
- 스스로 질문하고 비판하는 시각과 자세를 기릅니다.

week 02
교과서 논술 01

〈국어 능력〉 심화 학습
- 국어 교과서 선행 학습으로 단원의 핵심을 이해합니다.
- 수행평가, 논술형 문항으로 국어과 학습 능력을 키웁니다.

※ 교과서 활용 : 『말하기·듣기』 / 『읽기』

week 03
독서 클리닉

실질적인 〈읽기 능력〉 향상 훈련
- 억지로 읽기보다는 읽는 맛과 재미를 알려 줍니다.
- 비판적 읽기, 개성적 읽기로 글을 보는 안목을 키웁니다.

week 04
교과서 논술 02

〈국어 능력〉 심화 학습
- 국어 교과서 선행 학습으로 단원의 핵심을 이해합니다.
- 수행평가, 논술형 문항으로 국어과 학습 능력을 키웁니다.

※ 교과서 활용 : 『말하기·듣기』 / 『읽기』

···· 병아리도 날 수 있다!

week 05
영재 클리닉 01

사회 교과서를 활용한 영재 심화 학습
■ 통합 교과 시대를 대비, 사회과 학습 테마를 논술로 연결시켜 쉽고 재미있게 초중고 학습 과정의 주요 주제와 쟁점을 알려 줍니다.

※ 교과서 활용 : 『바른 생활』 / 『사회』

week 06
교과서 논술 03

〈국어 능력〉 심화 학습
■ 국어 교과서 선행 학습으로 단원의 핵심을 이해합니다.
■ 수행평가, 논술형 문항으로 국어과 학습 능력을 키웁니다.

※ 교과서 활용 : 『말하기·듣기』 / 『읽기』

week 07
영재 클리닉 02

과학 교과서를 활용한 영재 심화 학습
■ 통합 교과 시대를 대비, 과학과 학습 테마를 논술로 연결시켜 쉽고 재미있게 초중고 학습 과정의 주요 주제와 쟁점을 알려 줍니다.

※ 교과서 활용 : 『슬기로운 생활』 / 『과학』

week 08
논술 클리닉

『쓰기』 교과서를 활용한 논술 훈련!
■ 쓰기 교과서로 쓰기 학습 능력을 키운 후, 생활문에서 본격 논술까지 자신 있게 자신의 견해를 글로 표현하도록 유도합니다.

※ 교과서 활용 : 『쓰기』

차례

발상사고혁명	몸으로 느껴 봐요	05
교과서 논술 01	이야기가 재미있어요	15
독서 클리닉	속담 속에 담겨진 이야기	25
교과서 논술 02	내 생각은 이래요	35
영재 클리닉 01	대한민국, 멋진 우리 나라	45
교과서 논술 03	마음을 전해요	53
영재 클리닉 02	따뜻한 겨울을 보내요	63
논술 클리닉	감사의 편지를 써 봐요	71

책 속의 책 | GUIDE & 가능한 답변들

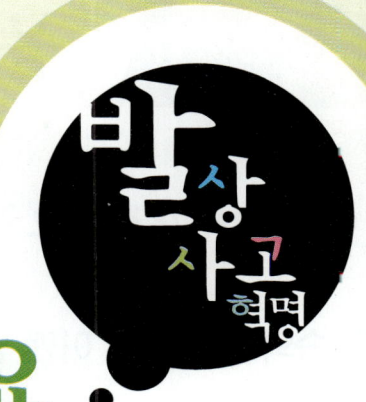

몸으로 느껴 봐요

사진 속의 하얀 구름을 보고, 떠오르는 것을 써 보세요.

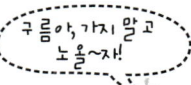

구름아, 가지 말고 놀올~자!

다양한 사고를 하자
01 어떤 냄새가 날까요?
02 앗! 이게 뭐지?
03 음~ 그래 이 맛이야!

발상사고 혁명 plus
내가 만들어 줄게!

다양한 사고를 하자
몸으로 느껴 봐요

01 어떤 냄새가 날까요?

1 사진 속의 음식에서 어떤 냄새가 나는지 표현해 보세요.

① ② ③

2 내가 쓰는 학용품 중에서 향기가 나는 것에는 어떤 것이 있나요? 또 향기가 났으면 좋을 것 같은 학용품은 있나요? 왜 향기가 났으면 좋겠는지 이유와 함께 써 보세요.

① 향기가 나는 학용품들 : _____

② 향기가 났으면 좋을 학용품들 : _____

③ 그렇게 생각하는 이유 : _____

3 〈보기〉처럼 사진 속의 장소에서 어떤 냄새가 나는지 자세히 써 보세요.

〈보기〉

산에서는 나무 냄새, 돌 냄새, 꽃 냄새가 나요.

①

바다에서는 _____

②

내 방에서는 _____

③

부엌에서는 _____

4 우리 가족의 이름에서 향기가 난다면 어떤 향기가 나면 좋을까요? 가족의 이름을 써 보고, 그 이름에서 어떤 향기가 났으면 좋겠는지 써 보세요.

- 우리 아빠의 이름은 _____ 입니다.

  아빠의 이름에서는 _____ 가 났으면 좋겠습니다.

- 우리 아빠의 이름은 _____ 입니다.

  엄마의 이름에서는 _____ 가 났으면 좋겠습니다.

- 나의 이름은 _____ 입니다.

  나의 이름에서는 _____ 가 났으면 좋겠습니다.

- 우리 누나(오빠, 동생)의 이름은 _____ 입니다.

  누나(오빠, 동생)의 이름에서는 _____ 가 났으면 좋겠습니다.

5 여러분이 좋아하는 계절을 쓰고, 그 계절에는 어떤 냄새가 나는지 써 보세요.

내가 좋아하는 계절은 _____ 입니다.

그 계절엔 _____

_____

02 앗! 이게 뭐지?

1 맨발로 모래 위를 걸어 본 적이 있나요? 발바닥에 느껴지는 촉감이 어땠는지 써 보세요.

2 다음 글은 어떤 것을 손으로 만져 보고, 그 물건에 대한 느낌을 쓴 것입니다. 그 물건이 무엇인지 써 보세요.

> 이것은 긴 막대 모양으로 그 길이를 손으로 재어 보았더니 대략 한 뼘 정도의 길이입니다. 이것의 느낌은 딱딱하고 한 쪽은 송곳처럼 뾰족하고, 다른 한 쪽에는 조금 딱딱한 것이 뭉뚝하게 붙어 있습니다.
> 이것은 육각형의 모양으로 굵기는 아기 손가락 정도의 굵기입니다.

3 다음과 같은 촉감을 느낄 수 있는 물건을 찾아 써 보세요.

① 말랑말랑하다 - _____

② 까칠까칠하다 - _____

③ 끈적거린다 - _____

④ 보들보들하다 - _____

⑤ 미끈미끈하다 - _____

4 우리의 주변에는 우리가 만질 수 없는 것들도 있어요. 그런데 만약 이런 것들을 만질 수 있다면 어떤 느낌이 들지 생각해 보고, 그런 느낌의 물건을 그려 보세요.

공기	
마음	
사랑	

03 음~ 그래 이 맛이야!

1 여러분이 좋아하는 음식과 싫어하는 음식을 쓰고, 그 맛을 써 보세요.

좋아하는 음식	맛	싫어하는 음식	맛
사탕	달콤해요.	고추	매워요.

2 만약에 수도꼭지에서 내가 좋아하는 과일 주스가 나온다면 어떤 일이 일어날까요? 상상해서 써 보세요.

_____

_____

_____

_____

_____

3 다음의 음식에서 어떤 맛이 나는지 〈보기〉처럼 써 보세요.

〈보기〉

시고 단맛이 나요.

①

②

_____   _____

_____   _____

4 다음과 같은 맛이 나는 음식을 세 가지씩 써 보세요.

① 고소해요 - _____

② 매워요 - _____

③ 느끼해요 - _____

④ 시어요 - _____

발상사고혁명 Plus | 내가 만들어 줄게!

1 만약에 음식을 먹지 않고 한 알만 먹어도 배가 부른 알약을 먹고 산다면 어떨까요? 좋은 점과 나쁜 점을 상상해서 써 보세요.

- 좋은 점: _____

- 나쁜 점: _____

2 이 세상에서 하나밖에 없는 가장 맛있는 아이스크림을 만들어 봐요. 아이스크림의 이름, 넣고 싶은 재료, 맛을 써 보고, 완성된 아이스크림의 모양을 그림으로 그려 보세요.

- 아이스크림 이름: _____

- 재료: _____

- 맛: _____

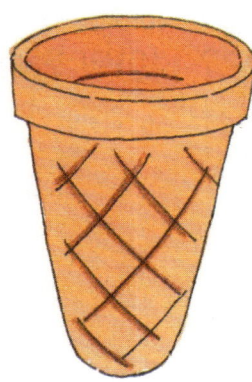

3 '코를 찌르는 냄새' 라고 표현할 수 있는 것에는 어떤 것들이 있는지 써 보세요.

_____

4 다음과 같은 고약한 냄새를 없앨 수 있는 방법을 〈보기〉와 같이 써 보세요.

〈보기〉
발 냄새 - 신으면 향기가 나는 양말을 신으세요.

① 입 냄새 - _____

_____

② 방귀 냄새 - _____

_____

5 이 세상에서 단 하나뿐인 향수를 만든다면 어떤 향이 나는 향수를 만들고 싶나요? 나만의 향수를 만들어 보세요.

• 향수의 이름: _____

• 향수의 재료: _____

• 향수의 향: _____

말하기·듣기·읽기 - 둘째 마당 (1) 주인공이 되어 (2) 상상의 나라

이야기가 재미있어요

내 눈으로 보는 교과서
01 은혜 갚은 호랑이
02 조약돌
03 짠! 내가 안 보인다구?

내 꿈은 말이야~

 | # 01 은혜 갚은 호랑이

학습 목표 : 이야기를 듣고 인물이 한 일에 대한 내 생각이나 느낌을 말해 본다.

1 아기 호랑이가 의원을 찾아간 이유는 무엇인가요?

_____

2 호랑이가 멧돼지를 의원 집 앞마당에 물어다 놓은 이유는 무엇인가요?

_____

3 호랑이의 행동을 보고, 여러분은 어떤 생각이 들었나요?

_____

1 마음씨 고약한 농부가 원님을 찾아간 이유는 무엇인가요?

_____

2 이 이야기가 우리에게 주는 교훈은 무엇인가요?

_____

3 마음씨 고약한 농부는 어떻게 되었을까요?

_____

내 눈으로 보는 교과서 | 02 조약돌

학습 목표 : 이야기를 듣고 인물이 한 일에 대한 내 생각이나 느낌을 말해 본다.

"뚱보 돼지."

나는 한 대 더 때렸다. 승환이가 쓰러졌다. 승환이 주머니에서 조약돌들이 튀어나와 사방으로 흩어졌다. 승환이가 큰 소리도 울기 시작하였다. 나는 덜컥 겁이 났다.

'누가 오면 어떡하지?'

주위를 둘러보았다. 골목에는 아무도 없었다. 나는 도망치듯 달려서 집으로 왔다. 책상 앞에 앉아서도 걱정이 되었다.

'괜히 때렸어, 말로 할걸. 어디 다치지는 않았을까?'

울고 있는 승환이의 모습과 함께 땅 위에 흩어진 조약돌들이 머릿속에 자꾸 떠올랐다. 그리고 참지 못하고 승환이를 때린 것이 후회되었다.

'미안하다고 전화를 할까?'

어머니께 말씀드렸더니 먼저 사과하라고 하셨다.

'아니야, 내가 먼저 사과하기는 싫어. 그러면 다음에도 또 놀릴지 몰라.'

㉠

공부 시간에 어머니 말씀이 떠올랐다.

'먼저 사과하는 사람이 이기는 거란다.'

'그래, 조금 전에는 승환이가 나를 이긴 거야. 이번에는 내가 이겨야지.'

나는 용기를 내어 쉬는 시간에 승환이에게로 갔다. 그리고 머리를 긁적이며 말하였다.

"아까 그 돌 줘."

승환이가 뜻밖이라는 듯이 나를 바라보았다.

"미안해……. 어제는 많이 아팠지?"

"으응, 조금."

"내가 잘못했어. 다시는 안 때릴게."

"아니야! 내가 먼저 놀렸잖아."

"이 돌, 잘 간직할게. 이 돌을 보면서 친구와 싸우지 않겠다고 다짐할 거야!"

승환이가 건네 주는 조약돌에서 따사로운 마음이 전해져 왔다.

1 나의 마음이 어떻게 변하여 갔는지 써 보세요.

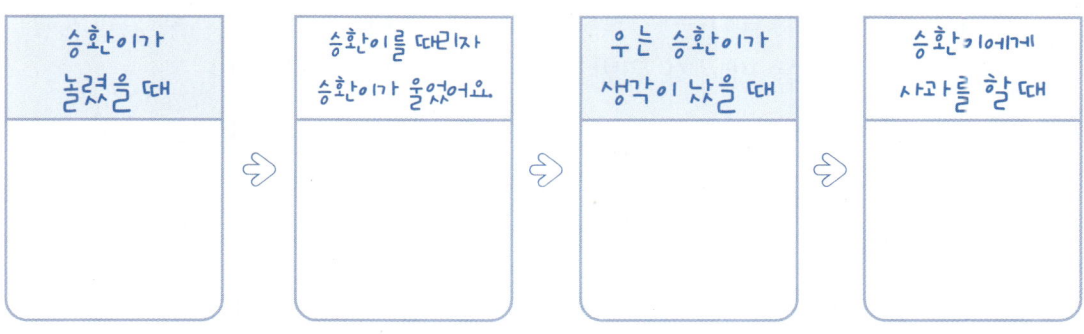

2 이야기가 이어지도록 ㉠에 들어갈 내용을 상상하여 써 보세요.

사자 가죽을 쓴 당나귀

어느 날 당나귀 한 마리가 숲 속을 지나가다가 사자 가죽을 발견했습니다. 커다란 얼굴과 멋진 갈기와 꼬리까지 죄다 달려 있는 굉장히 훌륭한 것이었습니다.

당나귀는 사자의 가죽을 뒤집어쓰고, 어슬렁어슬렁 숲 속을 걸어다녔습니다. 이 모습을 본 동물들은 사자가 나타났다고 질겁을 하고 갈팡질팡하며 숨거나 달아났습니다. 미처 달아나지 못한 동물들은 벌벌 떨며 절을 하였습니다.

"이놈들 이젠 내 앞에서 함부로 나를 깔보지 못하겠지."

당나귀는 다른 동물들에게 놀림거리였는데 오늘은 그 반대였습니다. 자신을 놀렸던 동물들을 골려 줄 기회가 온 것이었습니다.

사자 가죽을 뒤집어쓰고 숲 속을 돌아다니던 당나귀는 자신을 못살게 굴던 원숭이를 만나자 뒷발로 원숭이를 냅다 찼습니다.

원숭이는 깜짝 놀라 달아났습니다. 당나귀는 몹시 자랑스러웠습니다. 그래서 목청을 돋우어 울었습니다.

"히히히잉."

그런데 이게 웬일입니까? 그만 '히히히잉' 하고 당나귀 울음소리를 내고만 것이었습니다.

이 모습을 나무 뒤에서 여우가 보고 있었습니다.

1 당나귀가 사자 가죽을 쓰고 다니자, 숲 속 동물들이 무서워 쩔쩔 맸습니다. 이 때 당나귀는 어떤 마음이었을까요?

_____

2 사자의 가죽을 쓴 당나귀의 행동에 대해 여러분은 어떻게 생각하나요?

_____

3 여우가 알게 된 사실은 무엇인가요?

_____

4 당나귀에게 어떤 일이 일어나게 될까요? 뒷이야기를 상상하여 써 보세요.

_____

_____

_____

_____

 **03 짠! 내가 안 보인다구?**

학습 목표 : 만화를 보고, 이어질 내용을 상상하여 이야기해 본다.

1 모자를 쓰자 어떤 일이 벌어졌나요?

2 친구들이 자신을 찾는 모습을 보자 주영이는 어떤 느낌이 들었을까요?

3 내가 만약 주영이라면 어떤 일을 하고 싶은지 상상하여 써 보세요.

4 3번에 적은 답 중에서 한 가지를 선택하여 ⑤에 이어질 내용을 그림으로 그려 보세요.

1 토끼가 놀란 이유는 무엇인가요?

_____

2 이 경주의 결과는 어떻게 되었을까요? 뒷이야기를 상상하여 말해 보세요.

『초등학생이 보는 우리 속담』

독서 클리닉

속담 속에 담겨진 이야기

정수가 혜원이에게 말한 "까마귀 고기를 먹었니?"라는 뜻은 무엇일까요?

생각하며 읽어요
01 호랑이에게 물려가도 정신만 차리면 산다
02 티끌모아 태산
03 남의 장단에 춤춘다

독서 클리닉 plus
내가 알고 있는 속담

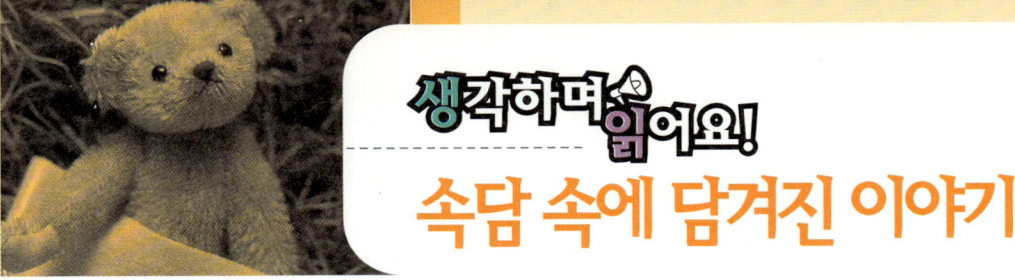

속담 속에 담겨진 이야기

01 호랑이에게 물려가도 정신만 차리면 산다

　소금 장수 이 서방이 금강산 허리를 돌아 다른 고을로 소금을 팔러 떠나게 되었다.
　"여보, 조심하시구려. 요즘 호랑이가 자꾸 나타난대요."
　금강산에 호랑이가 자주 나타난다는 소문이야 매일 듣는 소리라 아내의 말을 이 서방은 대수롭지 않게 생각하였다.
　이 서방은 소금을 지고 금강산을 걷고 있었다.
　"갑자기 왜 이렇게 소름이 돋지? 노래라도 불러야겠군."
　그 때였다. 이상하게 차가운 공기가 흐르는가 싶더니 황소만 한 호랑이가 단숨에 이 서방을 삼키고 말았다.
　"아이쿠! 사람 살려."
　정신을 잃었던 이 서방이 겨우 정신을 차려 보니 호랑이 뱃속이었다. 잠시 후 '쿵' 하는 소리가 나더니 이 서방이 있는 곳에 뭔가가 떨어졌다.
　"아니, 숯장수 김 서방 아니십니까?"
　숯장수 김 서방이 숯을 진 채 호랑이에게 잡아 먹혀 이 서방이 있는 호랑이 뱃속으로 떨어진 것이었다.
　"여기가 호랑이가 나온다는 금강산이란 걸 모르고 왔소?"
　이 서방은 김 서방을 보며 말을 붙였다.
　"알고는 왔습니다만 이렇게 큰 호랑이가 사는지 몰랐소이다."
　한참을 이야기를 나누던 김 서방과 이 서방은 배가 고파졌다.
　"허허, 김 서방 배고프지 않소? 그런데 먹을 것이 없으니 어떻게 해야 할지."

"나에게 숯과 부싯돌이 있고, 이 서방에게 소금이 있으니 호랑이 내장을 떼어서 구워 먹읍시다."

이 서방과 김 서방은 낫으로 호랑이의 내장을 떼어 숯으로 익혀서 소금을 쳐 먹으니 간도 맞았고 그 맛이 좋았다.

"하하하. 이거야말로 기가 막힌 일이오. 글쎄, 굶어 죽으란 법은 없단 말이오."

"그러게 말이오. 호랑이 뱃속에서 꼼짝없이 죽었다고 생각했는데 이렇게 호랑이 내장까지 구워 먹을 수 있다니……."

그런데 갑자기 호랑이가 날뛰기 시작하였다. 아무리 몸집이 크고 힘이 센 호랑이라고 자신의 내장을 떼어내 구워 먹었으니 속이 얼마나 아프고 쓰렸을까?

배가 아픈 호랑이는 날뛰다가 이 서방과 김서방을 그만 토해내고 말았다. 그래서 이 서방과 김서방은 살아날 수 있었다.

1 이 글의 내용과 <u>다른</u> 것을 모두 고르시오.

① 금강산에 호랑이가 자주 나타난다는 소문이 있었다.
② 이 서방과 김 서방은 금강산에서 호랑이와 싸워 이겼다.
③ 이 서방은 금강산에 호랑이가 나타난다는 소문을 듣고 피했다.
④ 소금 장수 이 서방은 호랑이의 뱃속에서 숯장수 김 서방을 만났다.
⑤ 소금 장수 이 서방은 호랑이를 조심하라는 아내의 말을 잘 듣지 않았다.

2 김 서방과 이 서방은 호랑이의 뱃속에서 어떻게 나올 수 있었나요?

_____

3 이 글과 어울리는 속담을 써 보세요.

_____
_____

4 "호랑이에게 물려가도 정신만 차리면 산다."라는 속담이 쓰이는 경우를 찾아 친구들과 이야기해 보세요.

_____
_____

5 호랑이의 뱃속에서 나온 김 서방과 이 서방은 어떻게 되었을까요? 뒷이야기를 상상해서 써 보세요.

_____
_____
_____

02 티끌 모아 태산

슬기롭고 재치가 많은 '이항복'이라는 아이가 있었다. 이항복이 사는 조그만 마을에는 작은 대장간이 하나 있었는데 그는 매일 대장간이 있는 곳에서 놀았다.

하루는 이항복이 대장간 주위에서 놀다가 쇳조각 하나를 주워서 집으로 가져갔다. 이를 본 아버지가 이항복을 꾸짖었다.

"하라는 공부는 안 하고 놀기만 하느냐! 쓸데 없는 쇳조각이나 주워 오고, 어서 가져다 버려라."

아버지의 호통에 이항복은 쇳조각을 마당에 버렸다. 이를 본 이항복의 어머니는 조용히 쇳조각을 주우며 말씀하셨다.

"애야, 지금은 보잘 것 없는 쇳조각이지만 언젠가는 쓸모 있을 거란다."

어머니의 말씀 때문인지 몰라도 이항복은 하루에 하나씩 대장간에서 쇳조각을 주워 오는 버릇은 계속되었다.

이때 대장장이는 노름에 손을 대기 시작하였다. 그리고 얼마 안 가 쇳조각 하나 없는 거지가 되었다.

"아! 내가 그렇게 생활하는 것이 아닌데……."

대장장이는 후회를 했지만 이미 때는 늦었다. 이 소식을 전해 들은 이항복은 그 동안 모아 두었던 쇳조각을 들고, 대장장이를 찾아 갔다.

"그 동안 모아 두었던 쇳조각입니다. 이걸로 다시 시작하세요."

"고마워! 이제 다시는 노름을 하지 않을게."

대장장이는 이항복이가 준 쇳조각으로 다시 불을 지피고 대장장이 일을 하였다. 조그만 호미를 만들어 팔고, 그 돈으로 쇠를 사다 더 큰 삽을 만들어 팔고……. 이렇게 하다보니 대장장이는 다시 대장간을 할 수 있게 되었다.

1 쇳조각을 버리는 이항복에게 어머니는 뭐라고 하셨나요?

2 대장장이는 왜 대장간을 할 수 없게 되었나요?

3 대장장이는 이항복에게 받은 쇳조각으로 무엇을 하였나요?

4 이 글과 어울리는 속담을 쓰고, 속담의 뜻도 쓰세요.

03 남의 장단에 춤춘다

　남들이 하는 일에 참견하기를 좋아했고, 남에게 뒤지지 않으려는 '돌쇠'라는 사람이 있었다. 그는 무턱대고 다른 사람이 하는 일을 따라 하려고 했다.
　어느날 돌쇠는 노인들이 장기를 두고 있는 곳을 지나게 되었다. 그 모습을 보자, 자기도 한 판 두고 싶어졌다. 그래서 노인들에게 다가가 앉았다.
　"지나가다 장기가 두고 싶어 이렇게 왔습니다. 장기를 한 판 둘 수 없을까요?"
　그 사람의 말에 노인들은 야단을 쳤다.
　"아니, 머리가 새까만 놈이 어딜 낀다고? 버르장머리하고는……. 어서 썩 꺼지거라."
　노인들은 호통을 쳤다.
　"넌, 너무 젊어. 머리가 우리처럼 하얗게 돼야 장기를 두지."
　그러고 보니 장기를 두고 있는 사람들은 모두 나이가 지긋한 노인들이었다.
　"에잉, 이놈의 까만 머리 때문에……."
　돌쇠는 집에 돌아오자마자 거울 앞에서 까만 머리를 모두 뽑아버렸다. 그랬더니 하얀 머리만 남아 정말 노인처럼 보였다.
　'히히, 이만하면 장기를 두게 해 주겠지?'
　돌쇠는 노인들이 있는 곳으로 가다가 젊은이들이 고누 놀이를 하고 있는 것을 보았다.
　"갑자기 고누 놀이가 하고 싶네. 이보시오, 고누 좀 같이 합시다."
　이 말을 들은 젊은이들은 버럭 화를 내며 말했다.

"당신은 너무 늙었소. 우리처럼 머리가 까맣고 젊어야 고누를 하지."
"노인은 힘들어서 고누놀이를 할 수가 없으니 저리 가시오."
젊은이들은 쳐다보지도 않고 말했다.
"내가 왜 늙었다고 그러지?"
돌쇠는 화를 버럭 내며 뒤돌아섰다. 집에 돌아와 거울 앞에 앉았다.
'에잉, 이놈의 하얀 머리 때문에……'
돌쇠는 거울을 보며 하얀 머리를 모두 뽑아 버렸다.

1 돌쇠가 한 행동을 써 보세요.

> 노인들이 너무 젊다고 장기에 끼워 주지 않았다.

> 젊은이들이 너무 늙었다고 고누 놀이에 끼워 주지 않았다.

2 돌쇠의 행동을 보고 어떤 생각이 들었나요? 이야기해 보세요.

3 돌쇠에게 충고 한 마디 해 주세요.

돌쇠야!

_____

_____

_____

4 이 글 속에 담겨 있는 교훈은 무엇일까요?

_____

_____

5 하얀 머리까지 모두 뽑아버린 돌쇠는 어떻게 되었을까요? 그 모습을 상상하여 그림으로 그려 보세요.

독서클리닉 plus | 내가 알고 있는 속담

1 내가 알고 있는 속담을 두 가지만 써 보세요.

첫째, _____

둘째, _____

2 1번에 적은 속담과 관련된 자신의 경험을 떠올려 써 보세요.

말하기 · 듣기 · 읽기 – 셋째 마당 (1) 너와 나의 생각 (2) 밝은 세상

내 생각은 이래요

내 눈으로 보는 교과서

01 얘들아! 내 말 좀 들어 봐!
02 쓰레기통을 놓아야 할까요?
03 누구를 보낼까요

01 얘들아! 내 말 좀 들어 봐!

학습 목표 : 바른 자세로 친구의 이야기를 들어본다.

1 현민이가 왜 자신의 생각을 제대로 말할 수 없었나요?

_____

2 현민이는 왜 정윤이가 고맙다고 생각하였나요?

_____

3 진수, 경태, 미선이에게 바른 자세로 친구의 이야기를 들어야 하는 이유에 대해 이야기해 주세요.

_____

1 민지의 주장은 무엇인가요? 민지의 주장을 뒷받침해 주는 이유를 써 보세요.

주장: _____

이유: _____

2 민지의 생각에 대해 여러분은 어떻게 생각하나요? 민지와 다른 생각을 하고 있다면 어떤 생각을 하고 있는지 이야기해 보세요.

_____

_____

_____

02 쓰레기통을 놓아야 할까요?

학습 목표 : 글쓴이나 인물의 의견을 생각하며 글을 읽어 본다.

우리 동네 놀이터에는 재미있는 놀이 기구들이 있습니다. 우리들은 그 놀이 기구를 즐겨 탑니다. 동네 어른들도 놀이터에 나와서 아이들이 노는 모습을 지켜보고는 하십니다.

예전에는 놀이터에 쓰레기통이 있었습니다. 그런데 쓰레기통을 없애면서 사람들이 쓰레기를 아무 곳에나 버리게 되었습니다.

그래서 어떤 친구들은 놀이터에 쓰레기통이 있었으면 좋겠다고 말합니다. 그 친구들은 쓰레기를 버릴 곳이 있으면 놀이터가 훨씬 더 깨끗해질 것이라고 생각합니다.

그러나 제 생각은 다릅니다. 놀이터에 쓰레기통이 있으면 쓰레기가 많이 생길 수 있습니다. 쓰레기통은 비우기 힘들고, 제때에 비우지 않으면 나쁜 냄새가 나기도 합니다. 또, 쓰레기통이 놀이터에 있으면 지저분하게 보일 수도 있습니다.

1 놀이터에 쓰레기통이 없어지면서 생긴 일은 무엇인가요?

2 글쓴이는 다른 친구들과 생각이 어떻게 다른지 쓰고, 왜 그렇게 생각하는지 쓰세요.

다른 사람들의 생각	글쓴이의 생각
그렇게 생각한 이유	그렇게 생각한 이유

쓰레기통에서 돈이 보여!

3 여러분은 놀이터에 쓰레기통이 있어야 한다고 생각하나요? 아니면 없어야 한다고 생각하나요? 자신의 생각을 이야기해 보세요.

놀이터에 쓰레기통이 _____ 한다고 생각해요.

왜냐하면 _____
_____
_____

생일

학천 초등학교 2학년 1반 박정철

생일은 이 세상에 내가 태어난 날이기 때문에 누구에게나 소중한 날입니다. 생일날에는 대부분 가족과 친구들에게 축하받으면서 행복하게 보냅니다.

그러나 요즘 친구들의 생일 잔치를 하면서 느낀 것은 친구들과 가족들에게 축하받고, 맛있는 음식도 먹고, 신나게 노는 날이라고만 생각하는 것 같습니다. 생일이 되기 며칠 전부터 부모님께 선물을 사 달라고 조르고, 안 사 주시면 화를 내고 울기도 합니다. 또, 친구들을 불러 집이나 패스트 푸드 가게에서 생일 파티를 하며 놀기도 합니다. 물론 선물을 받고 축하받는 것은 기분 좋은 일입니다. 그러나 생일은 정말 나만 축하받고 신나게 놀면 그게 끝나는 것일까요?

저는 '생일'에 대한 우리들의 잘못된 생각을 바꿔야 한다고 생각합니다. 우리가 이 세상에 나올 수 있었던 것은 부모님 덕분입니다. 날 낳으시느라 고생하시고, 키워 주신 부모님께 감사하는 마음을 먼저 가져야 한다고 생각합니다.

저는 친구들에게 이렇게 말하고 싶습니다. 생일이라고 선물을 챙기고 생일 잔치를 하기 전에 지금부터라도 부모님의 은혜에 대해 다시 한번 생각해 보고, 자기 생일 때 부모님께 감사하다고 그 한마디를 전하는 사람이 되자고 말입니다.

1 자신의 생일날 가장 기억에 남았던 일을 떠올려 보고, 어떤 일이 있었는지 이야기해 보세요.

2 정철이의 주장은 무엇인가요?

_____

3 내가 생각하는 '생일'의 의미는 무엇인가요?

_____

_____

4 정철이의 주장에 대해 여러분은 어떻게 생각하나요?

_____

_____

내 눈으로 보는 교과서 **03 누구를 보낼까요**

학습 목표 : 인물의 의견을 생각하며 글을 읽어 본다.

　동물 마을에 별나라에서 보낸 초대장이 왔습니다.
　이 초대장을 보고 많은 동물이 몰려들었습니다. 서로 자기가 지구를 대표하여 별나라에 가야 한다고 한 마디씩 하였습니다.
　먼저, 동물 마을에서 가장 나이가 많은 거북 할아버지께서 말씀하셨습니다.
　"나는 아주 오래 전부터 지구에서 살았습니다. 그래서 지구의 역사에 대해서 누구보다 잘 알고 있지요. 여러분이 태어나기 훨씬 전에 일어났던 일들도 나는 많이 알고 있습니다. 그러니까 내가 지구를 대표하여 별나라에 가야 합니다."
　거북 할아버지 옆에 앉아 있던 아기곰이 말하였습니다.
　"저는 나이는 어리지만 지구를 무척 사랑해요. 만약, 제가 별나라에 가게 된다면, 지구가 얼마나 아름답고 살기 좋은 곳인지 알려 주겠어요. 지구를 사랑하는 마음보다 더 중요한 것이 있을까요?"
　원숭이도 일어나서 말하였습니다.
　"별나라에서는 신기한 일이 많이 일어날 것입니다. 저는 별나라에서 보고 들은 일을 여러분께 생생하게 전할 수 있어요. 별나라가 어떤 곳인지 궁금해하는 친구들이 많잖아요? 그 곳의 모습을 잘 전할 수 있는 제가 지구의 대표가 되어야 합니다."
　거북 할아버지, 아기곰, 원숭이의 말을 들은 다른 동물들은 잠시 생각을 하였습니다. 어떤 동물이 지구를 대표하여 별나라에 가면 좋을까요?

1 거북 할아버지, 아기곰, 원숭이 세 동물들은 무엇에 관해 이야기하고 있나요?

_____

2 세 동물들이 어떤 까닭을 들어 자기가 지구의 대표가 되어 별나라에 가야 한다고 주장하고 있나요?

• 거북 할아버지 - _____

_____

• 아기곰 - _____

_____

• 원숭이 - _____

_____

3 여러분은 어떤 동물이 별나라에 가야 한다고 생각하나요? 왜 그렇게 생각하는지 이유를 들어 이야기해 보세요.

_____

_____

_____

1 만약에 여러분이 지구의 대표로 별나라에 가야 한다고 주장을 한다면 어떤 이유를 댈 수 있나요?

나는 내가 별나라에 가야 한다고 생각해.

왜냐하면 _____

바른생활 - 4단원 질서는 편해요

영재 클리닉

대한민국, 멋진 우리 나라

영어를 배우는 이유는 무엇일까요?

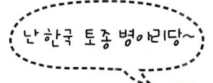

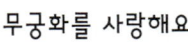

내 눈으로 보는 교과서
무궁화를 사랑해요

Step by Step
01 우리 나라가 최고예요!
02 우리의 것은 우리가 지켜요!

영재 클리닉 plus
태극기 속에 숨겨진 의미를 찾아요

무궁화를 사랑해요

학습 목표 : 무궁화를 사랑하는 마음을 가져본다.

1 무궁화가 우리 나라 꽃이 된 이유는 무엇인가요?

___

2 무궁화를 어디에서나 볼 수 있으려면 어떻게 해야 할지 생각하여 써 보세요.

___

3 무궁화의 모양을 잘 살펴보고, 그려 보세요.

잠깐! 무궁화가 우리 국민성과 닮았다고 이유는요!

"무궁화 무궁화 우리 나라 꽃 삼천리 강산에 우리 나라 꽃" 여러분 이 노래를 아시나요? 이 노래처럼 무궁화는 우리 나라 어느 곳에서나 볼 수 있는 꽃이랍니다. 무궁화 꽃은 예쁘기도 하지만 자세히 살펴보면 줄기와 나뭇잎에 진딧물과 벌레들이 많답니다. 그렇지만 무궁화는 아름다운 꽃을 피운답니다. 바로 이점이 무궁화와 우리 나라 국민성의 닮은 모습이랍니다. 아무리 힘들고 어려운 일이 닥치더라도 포기하지 않고, 꿋꿋하게 헤쳐 나가는 모습, 무궁화랑 닮지 않았나요? 여러분의 생각은 어때요?

대한민국, 멋진 우리 나라

01 우리 나라가 최고예요!

수원 화성은 유네스코에 의해 1997년 '세계 문화 유산'으로 등록된 우리의 자랑스런 문화재입니다. 화성의 역사는 200년 밖에 안됐지만, 가장 발달된 과학 기술이 담겼으며 아름다운 모습으로 뛰어난 예술적 가치를 지니고 있다는 평가를 받고 있습니다. 조선 후기 나라를 크게 발전시킨 정조대왕과 실학자로 이름난 다산 정약용 선생이 만들었는데, 과학자이기도 한 정약용은 직접 만든 '거중기'(오늘날의 기중기) 등 과학 기기를 써 2년 10개월 만에 화려하고도 웅장한 성곽을 갖춘 신도시를 세워 놓았습니다.

『소년조선일보 발췌』

1 수원 화성을 쌓을 때 사용된 것으로 정약용이 만든 기계는 무엇인가요?

2 수원 화성이 갖는 역사적 가치는 무엇인지 위 글에서 찾아 쓰세요.

토니에게

토니야! 안녕 잘 지냈지? 내가 한국에 온 지 벌써 1년이 다 되어가는구나. 오늘은 너에게 한국에 대해 한 가지 이야기를 해 주고 싶어서 편지를 쓴다.

한국의 지하철에는 '노약자석'이라는 것이 있어. 처음에 난 저 자리가 뭘까 궁금했는데, 그 자리에 앉아 있던 사람들이 할아버지나 할머니가 타자 일어나서 자리를 양보하더라구. 몸이 불편한 사람들이나 할아버지 할머니들을 위해 마련해 놓은 자리였던 거야. 또 한국에서는 선생님이나 웃어른을 보면 고개를 숙여 인사를 해. 친구들과는 악수를 하거나 손을 흔들지만 어른들에게는 고개를 숙여 인사를 한단다. 그 모습이 처음엔 이상하게 보였지만 한국의 사람들의 어른을 공경하는 마음을 알게 되니 그 모습이 참 따뜻하게 느껴졌단다. 너도 이런 모습을 봐야 하는데……. 그래서 나도 지하철을 타면 할아버지나 할머니, 몸이 불편한 사람들을 보면 자리를 양보해. 그렇게 하니까 정말 기분이 좋아지더라.

토니, 너도 이런 기분을 나와 같이 느껴 보면 좋을 텐데……. 네가 곧 한국에 오게 될 테니까 그 때 같이 지하철을 꼭 타 보자.

그럼 안녕.

한국에서 크리스틴

3 크리스틴은 친구 토니에게 무엇에 대해 이야기하고 있나요?

4 여러분도 크리스틴처럼 자리를 양보해 본 적이 있나요? 자신의 경험을 떠올려 보고, 그 때의 기분도 어떠했는지 이야기해 보세요.

5 크리스틴이 말한 것 이외에 우리 나라의 자랑거리에는 또 어떤 것들이 있는지 써 보세요.

6 우리 나라가 자랑스럽다고 느꼈던 기억을 떠올리고, 그 때가 언제였는지 써 보세요.

02 우리의 것은 우리가 지켜요!

1 우리의 문화재를 지키기 위해 우리가 할 수 있는 일에는 무엇이 있을까요?

_____

_____

2 우리 조상들에게서 본받아야 할 훌륭한 정신을 찾아 보세요.

_____

_____

3 우리 나라를 사랑해야 하는 이유에 대해 생각해 보고, 우리 나라를 위해 내가 할 수 있는 일은 무엇이 있을지 생각하여 써 보세요.

• 우리 나라를 사랑해야 하는 이유 :

_____

• 우리 나라를 위해 내가 할 수 있는 일 :

_____

영재plus | 태극기 속에 숨겨진 의미를 찾아요

1 태극기를 그려 보세요.

잠깐! 태극기의 의미는?

태극기의 흰색 바탕은 백의 민족의 순결성과, 전통적으로 평화를 사랑하는 한민족의 민족성을 나타냅니다. 태극은 '음'과 '양'의 상호 작용에 의하여 우주 만물이 생성하고 발전하는 대자연의 영원한 진리를 형상화한 것으로 창조와 발전을 의미하고 있어요. 따라서 태극기는 우주와 더불어 길이길이 발전하고자 하는 한민족의 이상을 표상하고 있어요. 태극기는 단순히 나라를 대표하는 상징으로 그치는 것이 아니라 우리 민족 고유의 전통 의식이나 미의식의 원천으로 우리 민족의 특성을 보여 주는 역할을 하고 있습니다. 즉 우리 민족을 형성하게 한 정신 사상의 표현으로 진정한 의미의 나라의 얼굴이며 민족의 상징적 의미를 지녔습니다.

말하기 · 듣기 · 읽기 – 다섯째 마당 (1) 주고받는 마음

마음을 전해요

내 눈으로 보는 교과서
01 주사 맞는 날
02 독장수 구구
03 추운 날

내 눈으로 보는 교과서

01 주사 맞는 날

학습 목표 : 학습목표 : 자신이 겪은 일을 친구들과 이야기해 본다.

1 시를 들으면 어떤 모습이 떠오르나요?

_____

2 기억에 남는 부분을 쓰고, 이유도 함께 써 보세요.

_____

3 여러분은 주사를 맞을 때 어떤 느낌이 들었는지 자신의 경험을 떠올려 써 보세요.

_____

1 여러분은 버스나 지하철을 타 본 경험이 있나요? 그 경험을 떠올려 보고 물음에 답하세요.

① 함께 탄 사람은 누구인가요?

_____

② 출발한 곳과 목적지가 어디였나요?

_____

③ 버스나 지하철을 타고 가면서 본 것을 모두 써 보세요.

_____

④ 버스나 지하철을 탈 때 조심해야 할 것은 무엇일까요?

_____

2 1번에 쓴 내용을 바탕으로 친구들과 이야기를 나눠 보세요.

02 독장수 구구

학습 목표 : 이야기를 읽고 생각이나 느낌을 말해 본다.

"아이고, 저 나무 밑에서 좀 쉬어 가야겠다."

고개를 다 오른 독장수는 나무 그늘 밑에 지게를 내려놓고, 지겟작대기로 받쳐 놓았습니다. 날아갈 듯이 몸이 홀가분하였습니다.

독장수는 이마와 얼굴의 땀을 닦고 지게 옆에 벌렁 드러누웠습니다.

"야, 정말 시원하구나! 저 독 둘은 팔아서 빚을 갚는 데 쓰고, 나머지 독을 팔면 다른 독 두 개는 살 수 있겠지? 그 독을 팔면 다시 독 네 개를 살 수 있고, 넷을 팔면, 가만있자……. 이 이는 사, 이 사 팔, 그래, 여덟 개를 살 수 있구나. 그 다음에 여덟 개를 팔면……."

독장수는 신이 나서 머릿속으로 계속 셈을 하였습니다.

"야, 며칠 안 가서 독이 백 개나 넘겠는걸. 그럼 독을 판 돈으로 고래등 같은 기와집을 짓는 거야. 나는 부자다, 부자! 참, 부자들은 하인이 있지. 나도 하인을 두는 거야. 이리 오너라, 히히."

독장수는 너무나 기쁜 나머지 팔을 번쩍 들었습니다. 그러다가 팔로 지겟작대기를 밀어 버리고 말았습니다.

지게는 기우뚱하더니 옆으로 팍 쓰러졌습니다. 지게 위에 있던 독들도 와장창 깨지고 말았습니다.

"아이고, 망했다! 이걸 어쩐다?"

독장수는 깨어진 독 조각들을 얼른 주워 들었습니다.

> 그러나 독은 이미 깨어져서 쓸 수 없게 되었습니다.
>
> 이렇게 쓸데없이 미리 셈하거나 궁리하여 보는 것을 '독장수 구구'라고 합니다.

1 독장수가 머릿속으로 셈을 할 때와 독을 깨뜨렸을 때의 마음이 어땠을지 써 보세요.

셈을 할 때	독을 깨뜨렸을 때

2 이 글을 읽은 뒤의 나의 생각이나 느낌을 써 보세요.

___

3 '독장수 구구'라는 말의 뜻을 써 보고, 이 말을 쓰면 좋을 경우를 이야기해 보세요.

___

어느 날 들판에서 뛰어 놀던 여우가 그만 우물에 빠져 버리고 말았어요. 우물 안에 갇혀 버린 여우는 혼자서는 밖으로 나갈 수가 없었어요. 그 때 마침 목이 마른 염소 한 마리가 우물가를 지나가고 있었어요.

'어, 이런 곳에 우물이 있네. 목이 말랐는데 잘 됐다!'

우물가로 달려간 염소는 우물 안에 있는 여우를 발견했어요.

"여우야! 거기서 뭐 하니?"

염소를 본 여우는 얼른 꾀를 하나 생각해 냈어요.

"이 우물의 물이 너무 맛있어서 혼자 다 먹으려고 들어왔지."

"나도 목이 말랐는데. 여우야! 나도 좀 먹으면 안 될까?"

"그래, 내가 특별히 너에게만 먹을 수 있게 해 줄게."

염소는 우물 속으로 풍덩 뛰어들어 물을 실컷 마셨어요.

"그런데 여우야! 우물 밖으로 어떻게 나가지?"

"걱정 마, 염소야! 내가 먼저 올라가서 너를 끌어올려 주면 되잖아. 앞발로 벽을 짚고 뿔을 똑바로 세워 봐."

염소는 여우가 시키는 대로 했어요. 염소의 도움으로 여우는 우물 밖으로 나올 수 있었지요.

"여우야! 이제 나를 올려 줘."

그러자 여우는 염소를 비웃으며 말했어요.

"어리석은 염소야. 올라올 수 있는 방법을 생각한 다음에 내려갔어야지. 넌 나보다 무거워서 올려 줄 수 없어. 그럼 잘 있어라."

여우는 염소에게 손을 흔들고 숲 속으로 사라져 버렸어요.

1 여우와 염소의 행동을 살펴보고, 이 둘의 행동에 대한 여러분의 생각을 써 보세요.

여우	염소

2 우물을 빠져나오기 위해 염소를 속인 여우의 행동이 과연 옳은 것일까요? 염소를 속이지 않고 우물을 빠져 나올 수 있는 방법을 생각해서 써 보세요.

3 우물 안에 갇힌 염소는 어떻게 되었을까요? 뒷이야기를 상상하여 써 보세요.

03 추운 날

학습 목표 : 시를 읽고, 생각이나 느낌을 써 본다.

추운 날 혼자서
대문 앞에 서 있으면요,

지나가던 아저씨가
— 엄마를 기다리니? 발 시리겠다.

지나가던 아주머니가
—원, 저런. 감기 걸리겠다. 집에 들어가거라.

지나가던 강아지가
—야단맞고 쫓겨났군. 안됐다. 컹컹.

대문 앞에서 친구를 기다리는
내 마음
알지도 못하고…….

팽, 팽, 팽, 돌고 싶은 팽이가
내 주머니 속에서
친구를 동동 기다리는 줄도 모르고…….

1 글쓴이의 마음이 어떨지 써 보세요.

2 이 시를 읽고 난 뒤에 어떤 생각이 들었는지 써 보세요.

비야 비야 오지 마라.
우리 누나 시집 갈 때
가마 속에 물 들어가면
다홍치마 얼룩진다.
무명치마 둘러쓴다.
비야 비야 그치어라.
어서어서 그치어라.
우리 누나 시집 가면
어느 때나 다시 만나
누나 누나 불러 볼까.
시집을랑 가지 마오.
시집살이 좋다 해도

우리 집만 하오리까.
일이 모두 그러하니
시집을랑 가지 마오.
비야 비야 오지 마라.
우리 누나 시집 갈 때
비야 비야 오지 마라.

1 이 시에는 글쓴이의 어떤 마음이 담겨 있나요?

2 시 속의 '나'가 왜 비가 오지 않았으면 하는 이유가 나타나 있는 부분을 찾아 써 보세요.

3 이 시의 제목을 무엇으로 하면 좋을지 생각해 보고, 정해 보세요.

_____

4 이 시를 읽을 때 어떤 목소리로 읽으면 좋을까요? 시를 다시 한번 읽어 보고, 이야기해 보세요.

_____
_____

5 주인공의 마음을 헤아려 보고, 시를 읽은 생각이나 느낌을 써 보세요.

_____
_____

슬기로운 생활 - 4단원 겨울을 따뜻하게 보내려면

영재클리닉 02

따뜻한 겨울을 보내요

겨울이 되면 떠오르는 것을 써 보세요.

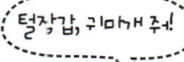
털장갑, 귀마개 주세!

내 눈으로 보는 교과서
사계절을 비교해 봐요

Step by Step
01 우리들의 겨울나기
02 동물과 식물들의 겨울나기
03 재미있는 놀이

학습 목표 : 겨울이 되면 달라지는 생활에 대해 알아본다.

1 각 계절의 특징과 그 계절에 특히 볼 수 있는 모습들을 써 보세요.

① 봄

② 여름

③ 가을

④ 겨울

Step by Step
따뜻한 겨울을 보내요

01 우리들의 겨울나기

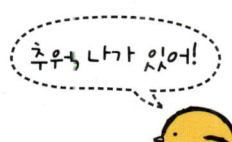

1 추운 겨울이 왔어요. 달라지는 우리 주변의 모습을 찾아보고, 어떻게 달라지는지 그림으로 그려 보세요.

2 겨울이 되면 준비해야 할 것들이 있어요. 우리 가족이 겨울을 잘 보내기 위해 무엇을 준비하는지 써 보세요.

_____

_____

3 다음은 우리 조상들이 추운 겨울을 따뜻하게 보내기 위해 사용한 것들이에요. 이것이 현대에는 어떤 물건으로 바뀌었는지 써 보세요.

4 겨울이 되면 조심해야 할 것들이 많아요. 어떤 것이 있는지 써 보세요.

02 동물과 식물들의 겨울나기

1 다음 그림을 잘 보고, 물음에 답하세요.

① 제비 가족과 곰 가족이 무엇을 하고 있는지 쓰고, 왜 그러는지도 쓰세요.

_____

_____

② 제비와 곰처럼 특별한 겨울나기를 준비하는 동물들을 찾아 써 보세요.

_____

_____

2 잎이 없이 겨울을 나는 나무와 푸른잎으로 겨울을 나는 나무들을 찾아 써 보세요.

잎이 없이 겨울을 나는 나무	푸른잎으로 겨울을 나는 나무

3 추운 겨울이 되면 동물들과 식물들이 살기가 힘들어져요. 이런 동물과 식물들을 보호하기 위해 우리가 할 수 있는 일은 무엇이 있을까요?

___

잠깐! 다양한 식물들의 겨울나기

잘 봐요~

식물들은 추운 겨울 날씨를 견뎌내기가 힘이 들어요. 그래서 식물들은 다양한 방법으로 겨울을 나지요.
- 알뿌리로 겨울을 나는 식물 : 수선화, 튤립, 히아신스, 글라디올러스 같은 꽃은 줄기와 잎, 꽃은 죽고 뿌리에 영양분을 보관한 채 겨울을 납니다.
- 씨앗으로 겨울을 나는 식물 : 분꽃, 나팔꽃, 채송화와 같은 식물들은 줄기, 잎 들이 말라 죽은 후에 씨앗으로 남아 겨울을 납니다. 그 씨앗을 봄에 땅에 뿌리면 다시 예쁜 꽃이 피지요.

4 다음 사진을 보고, 물음에 답하세요.

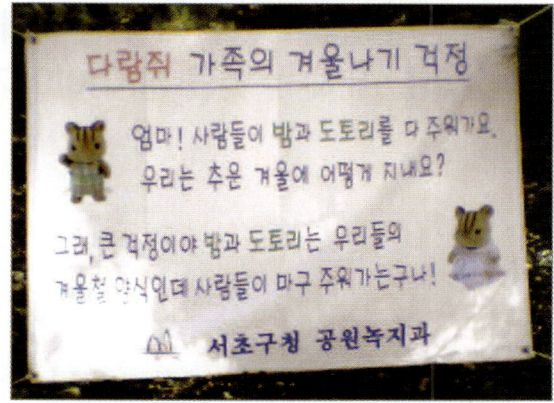

① 다람쥐 가족의 걱정은 무엇인가요?

_____

② 사진 속의 현수막을 숲 속에 붙여 둔 목적은 무엇일까요?

_____

_____

③ 다람쥐 가족의 양식을 주워가는 사람들에게 충고의 한 마디를 해 주세요.

_____

잠깐! 우리가 할 수 있어!

　겨울이 되면 동물들과 식물들은 날씨가 추워지기 때문에 살기가 힘들어져요. 동물들은 먹이가 부족하게 되고, 나무와 꽃들은 나뭇잎이 다 떨어지지요.
　추운 날씨 때문에도 힘든데 사람들이 숲 속에 들어가 동물들의 먹이를 다 주워가고, 나뭇가지를 꺾으면 어떻게 되겠어요? 동물들과 식물들은 더욱 살기 힘들어지겠죠?

03 재미있는 놀이

1 겨울이 되면 날씨가 추워지죠? 날씨가 추워지면 몸을 움츠리게 되요. 건강한 겨울나기를 위해 무엇을 할지 이야기해 보세요.

----

2 겨울이 되면 할 수 있는 놀이는 무엇이 있을까요? 집 밖에서 할 수 있는 놀이와 집 안에서 할 수 있는 놀이를 찾아 써 보세요.

집 밖에서 할 수 있는 놀이	집 안에서 할 수 있는 놀이

3 겨울에 했던 놀이 중에서 재미있었던 경험을 떠올려 보고, 어떤 일이 있었는지 이야기해 보세요.

감사의 편지를 써 봐요

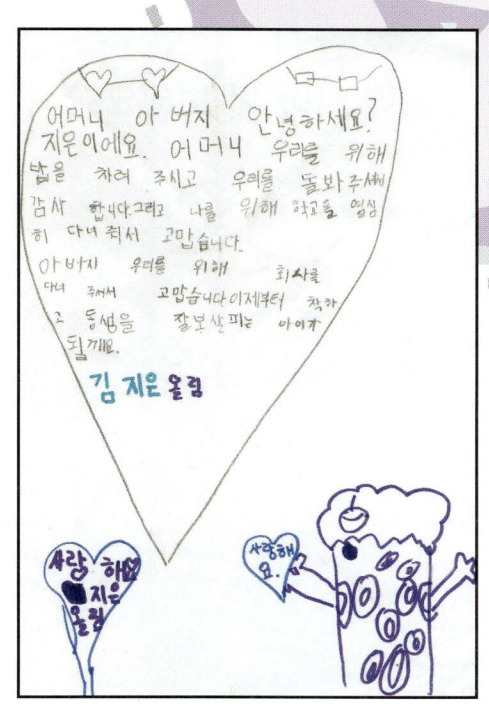

이 편지는 누구에게 어떤 마음으로 쓴 편지인가요?

내눈으로 보는 교과서
편지를 써 봐요

논술에너지를 쌓아라
01 할아버지 감사합니다
02 경비원 아저씨께
03 고마운 사람을 떠올려요

신나는 논술
감사의 마음을 전해요

편지를 써 봐요

학습 목표 : 감사의 마음이 담긴 편지를 써 본다.

이진경 선생님께

선생님 안녕하세요?
지난 주 운동장에서 축구를 하다가 팔을 다쳤을 때, 병원에 데려가 주셔서 정말 고맙습니다.
이제는 팔이 많이 나았습니다. 그래서 밥도 혼자 먹고 옷도 혼자 잘 입어요. 고맙습니다.
안녕히 계십시오.

　　　　　　　　　　　　　　　　　　　　OOOO년 O월 O일
　　　　　　　　　　　　　　　　　　　　아람이 올림

---

1 첫인사와 끝인사에 해당하는 부분을 찾아 써 보세요.

첫인사 - _____

끝인사 - _____

2 편지 글의 형식을 정리해 보세요.

받는 사람 → _____ → _____

→ _____ → _____

논술에너지를 쌓아라!
감사의 편지를 써 봐요

01 할아버지 감사합니다

1 길거리가 쓰레기로 지저분했던 이유는 무엇인가요?

_____

_____

2 그림 속에 안경 쓴 사람이 부끄러워 한 이유는 무엇인가요?

_____

_____

3 길거리에 버려진 쓰레기를 보고, 그냥 지나치는 사람들의 행동에 대해 여러분은 어떻게 생각하는지 써 보세요.

___

___

4 할아버지가 동네를 깨끗하게 청소를 하신 이유는 무엇일까요? 상상해서 써 보세요.

___

___

5 여러분이 다친 팔로 깨끗하게 동네를 청소하시는 할아버지를 본다면 어떤 마음이 들었을까요?

___

___

6 다친 팔로 동네를 청소하는 할아버지에게 감사의 마음이 담긴 편지를 보내려고 해요. '첫인사'와 '끝인사'를 어떻게 쓰면 좋을까요?

첫인사 - _____

끝인사 - _____

7 할아버지에게 하고 싶은 말은 무엇인가요?

_____

_____

8 앞에서 이야기한 내용을 바탕으로 해서 할아버지에게 감사의 마음이 담긴 쪽지를 써 보세요.

02 경비원 아저씨께

아저씨 안녕하세요. 전 106동 1901호에 사는 박정민이에요. 저의 편지를 보고 깜짝 놀라셨죠?

지난번에 아저씨가 도와 주신 것이 너무 감사해서 인사드릴려구요.

그 날 엄마는 할머니가 갑자기 병원에 입원하게 되셔서 급하게 가시느라 열쇠도 안 맡겨 두시고, 전화 통화도 안 되고……. 현관 앞에서 어떻게 해야 하나 걱정도 되고, 또 무섭기도 했어요.

그런데 그 때 아저씨가 저희 집까지 올라 오셔서 엄마가 조금 있다가 도착하신다고 연락이 왔으니까 경비실에서 같이 기다리자고 말씀하셨지요. 또 맛있는 과자도 주셨구요.

경비실에서 엄마를 기다리면서 텔레비전 같은 화면으로 엘리베이터나, 놀이터 등 아이들이 다치지는 않는지 또 나쁜 사람들이 있는지 살펴보시는 아저씨의 모습을 보고 정말 힘드실 것 같다는 생각이 들었어요.

아저씨! 정말 그때 저를 도와 주셔서 감사합니다. 또 우리 아파트의 안전을 위해 애써 주셔서 감사합니다.

0000년 00월 00일
박정민 올림

1 정민이가 누구에게 편지를 썼나요?

_____

2 정민이에게 어떤 일이 있었나요?

_____

_____

3 편지 속에는 정민이의 어떤 마음이 담겨져 있나요?

_____

_____

_____

03 고마운 사람을 떠올려요

1 감사의 마음이 담긴 편지를 쓰려고 해요. 다음 물음에 답하세요.

① 누구에게 고마움을 느꼈나요?

② 무엇 때문에 고마움을 느꼈었나요?

③ 그 밖에 그 사람에게 하고 싶은 말은 무엇인가요?

신나는 논술 | 감사의 마음을 전해요

※ 감사의 마음을 전하고 싶은 사람을 떠올려 보고, 감사의 마음이 담긴 편지를 써 보세요.

한 번 생각해 보아요!

　나를 위해 맛있는 요리를 해 주시는 엄마, 우리 가족을 위해 회사에서 열심히 일하시는 아빠, 학교 선생님, 길거리를 청소하시는 환경미화원 아저씨, 아파트 경비원 아저씨, 경찰관 아저씨, 의사 선생님…….
　우리 주변에는 우리를 위해 애쓰시는 고마운 분들이 많아요.
　이 분들은 항상 우리 곁에서 애쓰시기 때문에 우리는 고마운 마음을 잊을 때가 있어요. 또 그 분들이 하시는 일을 당연하게 생각하는 경우도 있구요.
　그렇지만 한 번 생각해 보세요. 만약에 그분들이 우리 곁에 없다면 어떻게 될까요?
　고마운 분들을 잊고 있었다거나 그 분들이 하시는 일을 당연하게 생각하고 있었던 친구들이 있다면 자신의 행동을 되돌아보고, 감사의 마음을 다시 한번 되새겨 보세요.